ÍNDICE

¡Hola! Me llamo Lucía. Mi amigo Bruno y yo nos divertimos con los trabalenguas y creamos rimas divertidas. ¿Te atreves a decir muy rápido este trabalenguas?

Si lo repites varias veces, seguro que te sale cada vez mejor. ¡Compruébalo!

¡Hola! Yo soy Bruno. ¿Qué te ha parecido el trabalenguas de Lucía? ¿Te animas a crear rimas divertidas y disparatadas? ¿Cuáles se te ocurren con estas palabras? Barrigón, león, avión, ardilla, sombrilla, maravilla, ratón, Antón, botón. Yo ya he creado una, a ver si se parece a la tuya: *El león Barrigón viaja en avión.*

¡SIGUE LAS HUELLAS DE LOS ANIMALES! LL, RR, CH

1) Sigue el camino, llega hasta el animal y escribe su nombre.

....

....

....

....

2) Ordena estas letras, forma palabras y colorea las casillas que tengan **LL**.

LLI	PO	TO
LLE	BA	NA
MA	LLA	

ME	CA	LLO
JI	ME	LLÓN
LLO	GA	

3) Sustituye cada huella por **RRO** y forma tres nombres de animales.

bu  pe  zo 

....

4) Lee el trabalenguas, repasa las letras y contesta la pregunta.

El herrero hierra una herradura de hierro para el burrito barbirrubio. El burrito barbirrubio deja en el barro las huellas de la herradura de hierro que le ha herrado el herrero Severo.

- ¿Qué hace el herrero? ....

5) Observa la escena y completa las oraciones con estas palabras.

burro / urraca / matorral / carretera / zorro / torre / carro

La .... está en lo alto de la ....

El .... se esconde tras el ....

El .... tira del .... por la ....

6) Ordena las huellas de estos animales de más a menos grandes.

chinchilla

chimpancé

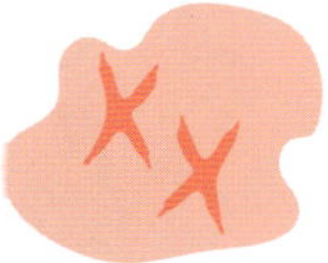

lechuza

1 ....

2 ....

3 ....

7) Repasa las palabras, observa las imágenes y selecciona la respuesta correcta.

- ◯ La lechuza está encima de la chimenea.
- ◯ La lechuza está detrás de la chimenea.

- ◯ El mapache está detrás de la choza.
- ◯ El mapache está delante de la choza.

8) Lee esta oración y cópiala.

La lechuza sale por la noche a comer lechuga.

....

JUGAMOS CON LAS LETRAS

CREAMOS LETRAS CON NUESTRO CUERPO

- Las letras **LL**, **RR** y **CH** van juntas, de dos en dos. Agrúpate con algunos compañeros y, como en los ejemplos de abajo, cread con el cuerpo figuras que representen estas letras. Pedid a un adulto o un compañero que haga fotos de vuestras creaciones y pegadlas aquí.

LL

RR

CH

¡NOS VAMOS DE EXCURSIÓN! PR, PL

1) Lee y rodea **PRA**, **PRE**, **PRI**, **PRO** o **PRU** siguiendo este código de colores.

El profesor Prudencio al prado nos llevó,
un prado precioso que en primavera floreció.

2) Observa este paisaje primaveral, completa las palabras con **PRA**, **PRE**, **PRI** o **PRO** y relaciónalas con el elemento del dibujo correspondiente.

ci .... s

.... dera

.... smáticos

.... hibido

3) Une los elementos de estas dos columnas y forma palabras. Relaciona cada palabra con la imagen correspondiente.

par	tería	....
per	que	....
pir	purina	....
por	uleta	....
pur	al	....

4) Lee y repasa las palabras.

Ahora vamos a visitar Plenurio.
¿Sabéis que vamos a necesitar para poder orientarnos? Un plano.

5) Observa el plano y escribe las coordenadas. Completa las palabras con **PLA, PLE, PLI, PLO, PLU, PAL, PEL** o **POL.**

¿DÓNDE ESTÁ...?	Eje vertical	Eje horizontal
una ......za con muchas ......ntas		
un escaparate con tartas de cum......años		
una estatua de ......mo		
el contendor del ......stico		
una tienda de sombreros de ......ma		
una fachada con a......ques dorados		
una ......mera		
una señal de ......igro		
un ......icía		

JUGAMOS CON LAS LETRAS

- Ayuda a Lucía a llegar hasta su **pre**mio sor**pre**sa. Sigue las instrucciones y descubre qué regalo le ha tocado.

1. dos a la derecha →
2. tres abajo ↓
3. tres a la derecha →
4. dos arriba ↑
5. tres a la derecha →
6. cuatro abajo ↓
7. uno a la izquierda ←
8. uno abajo ↓

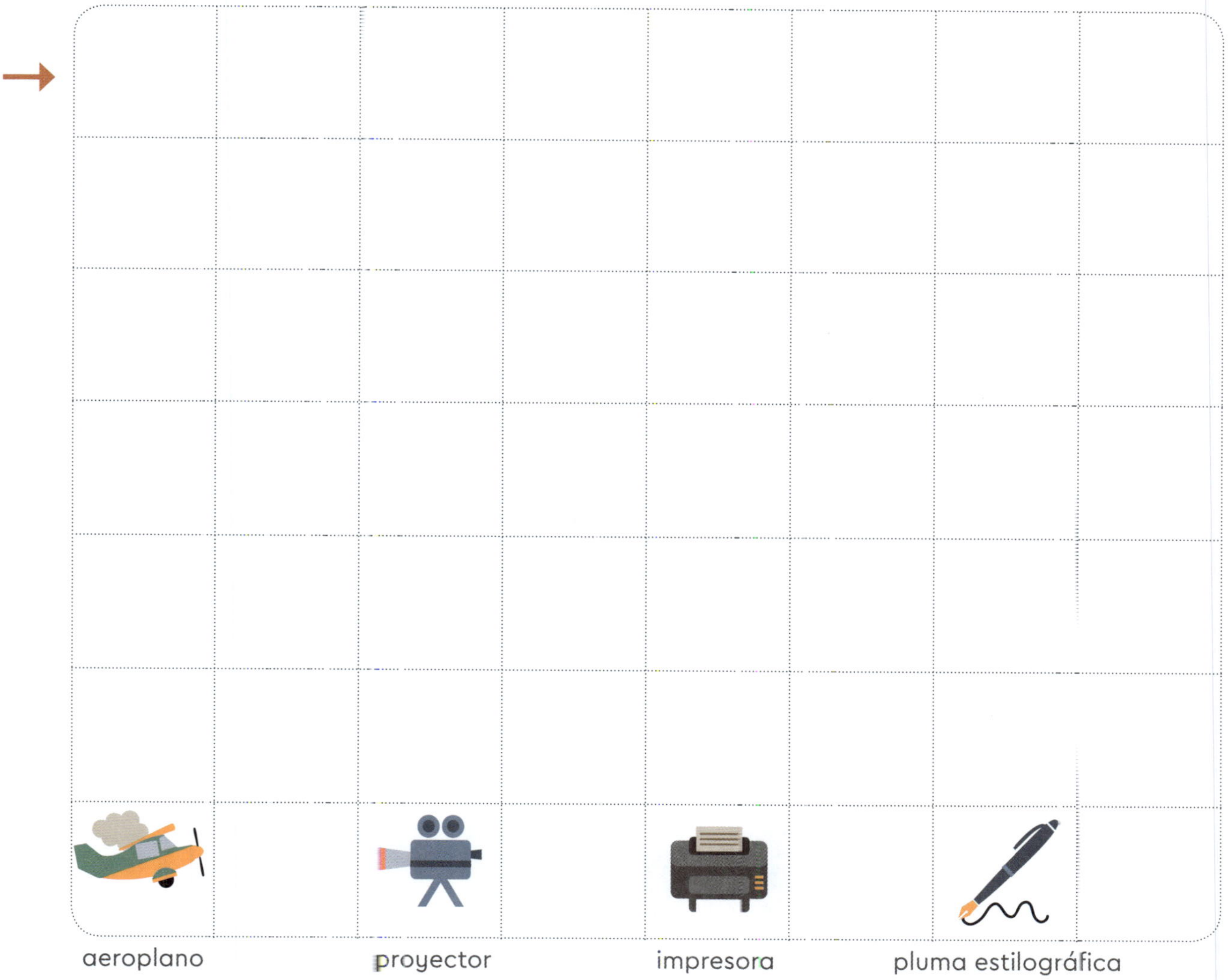

- ¿Qué letras tiene el **pre**mio sor**pre**sa que ha ganado Lucía, **PL** o **PR**?

....

¡LEER ME HACE FELIZ!

BR, BL

Cada día, antes de dormir, leo un ratito en la cama. Me gusta mucho leer porque, a través de los libros, descubro historias fascinantes y sus páginas me transportan a lugares imaginarios. Leer me hace feliz, ¿y a ti?

1) Lee esta adivinanza y escribe la solución.

Entre mis hojas se esconden
hadas, princesas y duendes.
Cuando me lees de noche,
sin darte cuenta te duermes.
¿Quién soy? ....

2) Completa los títulos de los cuentos con **BRA**, **BRE**, **BRI**, **BRO**, **BRU**, **BAR**, **BER** o **BUR**.

- La alfom.......... mágica.
- La lie.......... y la tortuga.
- Los 7 ca.......... tillos.
- El li.......... de la selva.
- La .... ja Brulanda.
- La ce.......... que perdió sus rayas.
- El monstruo .... nardo.
- Las .... bujas mágicas.
- El pirata .... barroja.

- ¿Has leído alguno de estos cuentos? ....

  ¿Cuál te gusta más? ....

3) Copia las palabras con **BL** y completa el dibujo de Blanca con el elemento que falta.

La biblioteca del pueblo está al lado de la casa de nuestro amigo Blas.
La bibliotecaria Blanca es muy amable; viste una blusa roja y un collar blanco.

4) Localiza las palabras que forman el libro y escríbelas.

5) Escribe cada expresión en el globo correspondiente.

Brummmm

Bla, bla, bla

JUGAMOS CON LAS LETRAS

SUDOKU DE LETRAS E IMÁGENES

- ¿Sabes hacer sudokus? Aquí te proponemos dos muy especiales: uno de palabras y otro de imágenes. Resuélvelos.

CABRA	PÚBLICO	MUEBLE	
PALABRA			CABRA
MUEBLE	PALABRA	CABRA	
PÚBLICO	CABRA	PALABRA	MUEBLE

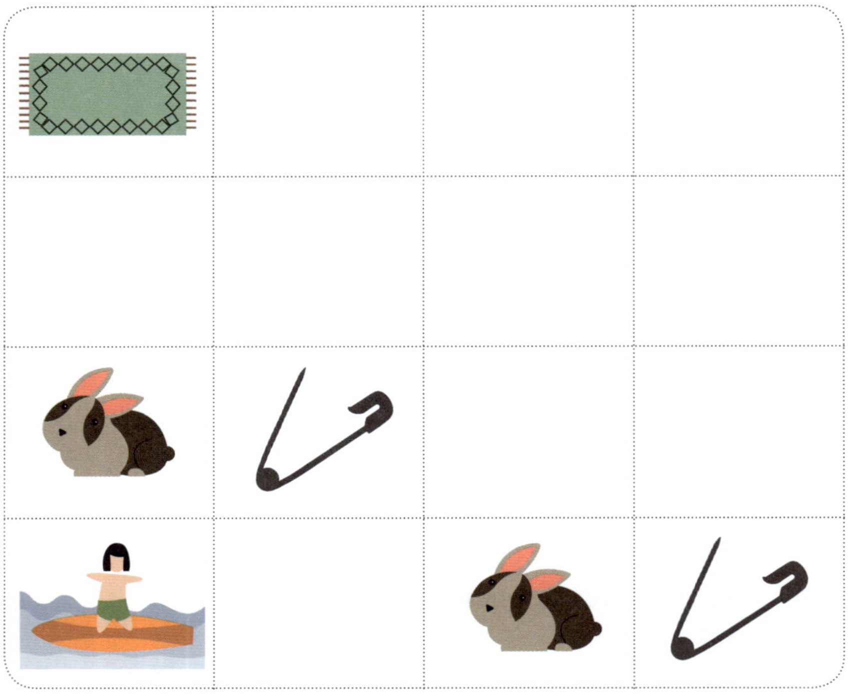

QUIÉN ES QUIÉN CR, CL

1) Observa estas imágenes y rodea las letras **CR** en los nombres.

Lucrecia

Crispín

Cristóbal

2) Lee la pista, repasa las letras y escribe el nombre correspondiente.

¿QUIÉN ES?

Es acróbata. Es ....

Es capitana de un crucero. Es ....

Es secretario. Es ....

3) Relaciona las dos columnas y rodea en cada caso las letras que se indican del color correspondiente.

CAR	Carlos vende carne.	Es escritora.
COR	Coral toca el acorceón.	Es carnicero.
CRI	Cristina escribe novelas.	Es acordeonista.

4) Copia esta oración.

Clara es ciclista.

....

5) Encaja las piezas del puzle y escribe las palabras resultantes. Rodea el vehículo que utiliza Clara.

CI CLE TO TA MO ....

CI CLE BI TA ....

CLO CI TRI ....

6) Repasa las letras y escribe el nombre debajo de cada imagen.

Claudio toca el teclado.

Clemente toca el clarinete.

Clotilde vende claveles.

Es .... Es .... Es ....

JUGAMOS CON LAS LETRAS

A C ADIVINA QUIÉN ES QUIÉN EN LA CLASE B D

- Esta es la clase de Lucía y Bruno. Lee las pistas, localiza cada personaje y colorea la camiseta con el mismo color que el nombre que le corresponda.

Carmen está delante de Carlos.

Carlos está al lado de **Clara**.

Cruz está detrás de Clara.

Cloe está delante de Clara.

Claudio está detrás de Carlos y al lado de Cruz.

Cleo está detrás de Tecla.

Y **Tecla** ve las caras de Carmen, Carlos, Cruz, Clara, Claudio y Cloe.

- ¿Dónde se sientan Bruno y Lucía?

....

¡TIERRA A LA VISTA! GR, GL

¡El barco de papá ha navegado por todos los mares del mundo y en él ha vivido historias increíbles! En sus viajes le acompaña su tripulación y un grumete muy dicharachero, ¿quieres conocerlo? En el barco todos le llaman el grumete Guri-Guri.

1) Lee estos versos y rodea el grupo **GR**.

Para ser un buen grumete
hay que aprender primero del capitán,
despertarse por las mañanas alegre
y salir en busca del gran sultán.

2) Lee el texto y observa cómo viste este grumete. ¿Qué diferencias ves? Señálalas en el dibujo. Después, escribe las palabras del texto donde corresponda.

Para conseguir ser un buen grumete, la ropa es un ingrediente fundamental: un pañuelo granate en la cabeza le da un toque profesional, un pantalón gris acostumbra a ser lo habitual y unas buenas botas negras para resistir los peligros del vendaval.

GRA: .... , ...

GRE: .... **GRI:** ....

GRO: .... **GRU:** ....

3) Rodea **GAR**, **GOR** o **GUR** según el código.

Al grumete Guri-Guri le duele la garganta; por eso hace gorgoritos cuando canta por la mañana.

4) Observa los lugares que han visitado el grumete Guri-Guri y el padre de Lucía. Al lado de cada dibujo, copia los nombres de los elementos que han visto en su travesía.

iglú / gladiadores / iglesia / jeroglífico / glaciar / inglés / globo

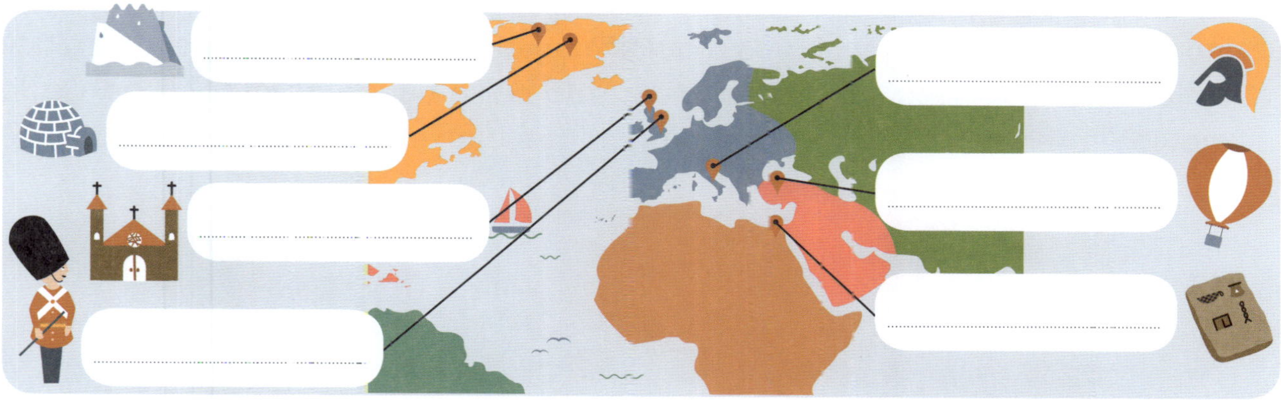

5) El grumete lleva muchas horas al sol y tiene sed. ¿Qué ruido hace cuando bebe? Copia en el globo la opción correcta.

glugluglu | bla, bla, bla | toc, toc

6) Completa con **GAL**, **GOL** o **GUL** las siguientes palabras.

- El grumete ha llegado a Portu ....
- El grumete come .... osinas.
- La vela del barco del grumete tiene forma de trián .... o.

JUGAMOS CON LAS LETRAS

DESCIFRAMOS JEROGLÍFICOS

- Cuando el padre de Lucía y el grumete Guri-Guri visitaron Egipto, observaron muchas inscripciones con unos dibujos muy enigmáticos, y es que los egipcios utilizaban un sistema de escritura formado por dibujos: los jeroglíficos. Cada dibujo representaba una letra. Averigua qué dice este mensaje.

- Ahora escribe tu nombre utilizando el sistema de escritura de los egipcios.

DEL CAMPO A CASA

FR, FL

¿Sabes que la naturaleza nos da todo lo necesario para poder vivir? Francisco, nuestro profesor de Naturales, nos ha explicado que de ella obtenemos muchos productos que utilizamos diariamente. Por eso debemos cuidarla y respetarla. ¿Tú lo haces? ¡Piénsalo!

1) Repasa las palabras y rodea lo que nos da la naturaleza.

azafrán

fresa

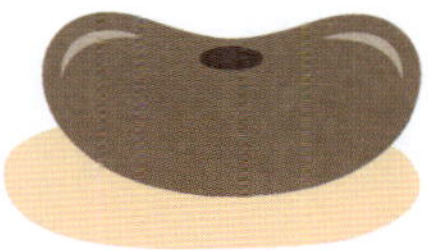
frijol

frutero

2) ¿Qué hacemos con lo que nos da la naturaleza? Escríbelo al lado de cada dibujo.

Un frasco de mermelada de frambuesa / Un refresco de fruta / Unos frijoles refritos

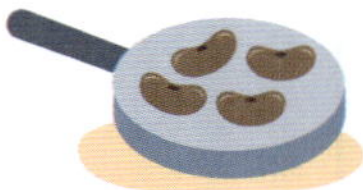 ....

 ....

 ....

3) Rodea **FRI** y **FRU** en estas palabras según el código.

frigorífico fruta frito frío

escalofrío frutero sofrito frutería

4) Repasa las palabras y rodea lo que nos da la naturaleza.

flan

flor

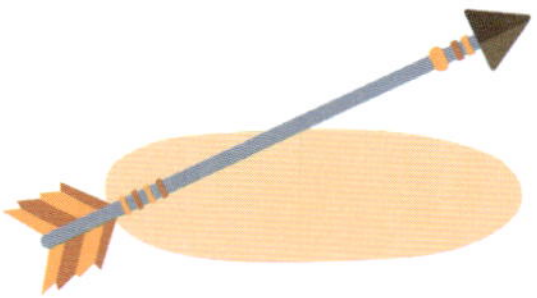
flecha

coliflor

5) Escribe estas palabras donde corresponda.

florista / floristería / florero

....

....

....

6) La madera se obtiene de los árboles y con ella podemos fabricar instrumentos musicales. Escribe estas palabras debajo de cada dibujo.

flauta / flautín / flautista

....

....

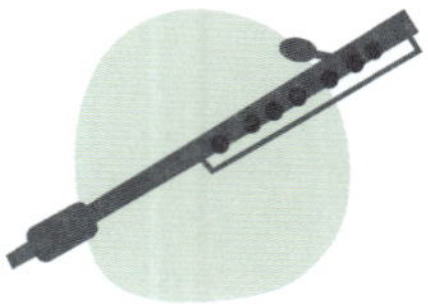
....

7) Rodea la opción correcta en cada caso.

FLO / FOL — TADOR

FLA / FAL — MENCO

FLE / FEL — PUDO

FLE / FEL — QUILLO

JUGAMOS CON LAS LETRAS

A C Y AHORA EN INGLÉS B D

- Lee estas palabras en inglés y pinta del color de la palabra el elemento que designe. Después, al lado de la palabra en español, copia la palabra en inglés correspondiente. Si lo necesitas, pide ayuda a un familiar y busca las palabras en un traductor on-line.

strawberry / fruit / fridge / cold / flamingo / flower / flute / float

fresa: ....

flotador: ....

frío: ....

flauta: ....

fruta: ....

flamenco: ....

flor: ....

frigorífico: ....

NÚMEROS Y FIGURAS EN CUALQUIER LUGAR **TR, DR**

¿Has pensado alguna vez cómo sería la vida sin los números? ¿Cómo mediríamos las horas, las edades, los cursos...? ¿Y te has fijado en la cantidad de objetos cotidianos que tienen formas geométricas? Lucía y yo nos divertimos buscando figuras geométricas mientras vamos por la calle. ¿Te animas a buscarlas con nosotros?

2 4 9 8

1) Completa con **TR** y dibuja las agujas del reloj según la hora que sea.

Son las .... es.

Son las cua .... o.

2) Observa y repasa las palabras.

trapecio

triángulo

3) Observa y completa con estas palabras.

veintitrés / trucha / centímetros

La .... mide ....

....

4) Completa las siguientes palabras con **TAR**, **TER**, **TIR**, **TOR** o **TUR**.

.... ta .... mómetro .... ita .... tuga .... quesa

5) El cuadrado es una figura geométrica formada por cuatro lados iguales.

¿Qué objetos tienen forma cuadrada? Repasa y rodea los objetos que sean cuadrados.

ajedrez

ladrillo

cuadro

almendra

6) Observa el dibujo y completa las oraciones con estas palabras.

golondrina / almendro / salamandra

La .... está sobre el ....

La .... está debajo del ....

7) Copia la oración y selecciona la imagen correcta.

Andrés es muy madrugador.

....

8) Completa las siguientes palabras con **DAR**, **DER**, **DIR**, **DOR** o **DUR**.

..........do ....echa ....ección ....ado ....o

JUGAMOS CON LAS LETRAS

CUADRADOS Y TRIÁNGULOS POR TODAS PARTES

- Observa estos elementos y escribe debajo las palabras *cuadrado* o *triángulo* según corresponda. Completa también la oración.

....

....

....

....

....

....

....

....

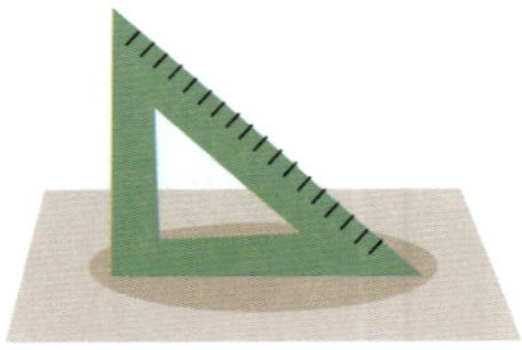
....

La  tiene forma .... y está formada por ....

- Piensa y escribe qué vocal en mayúscula tiene forma de triángulo.

....

NOS DIVERTIMOS EN EL BUS MP, MB

1) Lee el chiste y rodea las palabras que tengan **MP**.

Un hombre va al cine. Se acerca a la taquilla y compra una entrada. Al rato vuelve y compra otra. Y así varias veces hasta que la taquillera no puede resistir la curiosidad y le pregunta:

-Pero ¿por qué compra usted tantas entradas?
-Es que las que me vende no deben de servir, porque hay un señor en la entrada que me las rompe.

- Explica este chiste a tus amigos o familiares y hazles reír.

2) Busca en la sopa de letras cuatro palabras con **MP** y escríbelas debajo de cada dibujo.

l	á	m	p	a	r	a	i	n	r
t	e	d	c	r	t	h	c	l	s
r	s	g	o	s	e	l	o	e	c
o	r	e	l	a	o	b	r	p	o
m	u	f	u	n	s	m	d	e	m
p	i	u	m	o	t	i	p	v	p
e	v	i	p	l	i	y	o	t	á
t	o	u	i	a	f	u	n	k	s
a	n	v	o	c	t	m	o	n	i
i	s	e	v	e	n	a	t	u	y

3) Lee este texto y escribe debajo todas las palabras que tengan **MB**.

Tumbado en su tumbona Humberto con hambre se levantó
y bajo la sombra de su sombrilla su cesta de mimbre abrió.
Unos sabrosos membrillos y unos ricos bombones sacó
y con su gatita Ámbar los compartió.

....

....

....

....

4) Repasa las letras y relaciona las palabras que rimen.

bombilla	sombra
bombero	timbre
gamba	sombrilla
alfombra	rumbero
mimbre	bamba

5) Completa estas palabras con **MB** o **MP**.

ba......ú bo......ón po......a tro......a

JUGAMOS CON LAS LETRAS

CADA DIBUJO DE UN COLOR

- Observa estos dibujos y píntalos del color que se indica en el código en función de si la palabra que los designa se escribe con **MP** o **MB**.

- ¿Qué dos dibujos se repiten? ....

- ¿Cuál de ellos se repite más veces? ....

¡RECICLAMOS! CA, CO, CU, QUE, QUI

En mi casa depositamos la basura en los diferentes contenedores para que puedan convertirse en otros objetos. Mis amigos Carlos y Carlota también han aprendido que es muy importante reciclar para conservar la salud del planeta. ¡Entre todos podemos hacer de la Tierra un mundo mejor!

1) Lee lo que Lucía ha depositado en cada contenedor y rodea **CA**, **CO** o **CU** según el código.

caja de cartón saco de papel	botella de refresco frasco de cristal	envase de cuajada bandeja de corcho	cáscara de coco corteza de calabaza

2) Escribe el nombre de los alimentos que han comido Carlos y Carlota.

albaricoques / melocotón / cacahuete / castaña

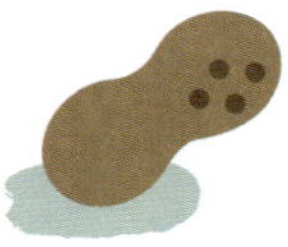   

....

• ¿En qué contenedor deberán tirar Carlos y Carlota las cáscaras y las peladuras de estos alimentos? Rodéalo.

3) Completa con **QUE** o **QUI** los nombres de unos objetos que deberás llevar al punto de recogida selectiva cuando se rompan o ya no sirvan. Después, escribe las palabras completas.

	ES	
MÁ	......	NA

	RA	
CHA	......	TA
	TA	

MO		
......	SE	RA
TA		

....

....

4) Repasa las letras y encuentra el disparate.

Un equipo de científicos ha viajado con su buque hasta el Ártico. Allí han visto esquimales vestidos con chaquetas de pieles gruesas y foquitas zambulléndose en biquini.

- El disparate es: ....

- Lee lo que dice el esquimal y que no se te olvide.

¿Sabes que la temperatura del lugar donde vivo ha subido veinte grados más de lo normal? Por eso, es muy importante que todos reciclemos para evitar que la temperatura del planeta siga subiendo. Acuérdate: ¡Tierra solo hay una! Cuidémosla entre todos.

5) Completa con **CA**, **CO**, **CU**, **QUE** o **QUI** las siguientes palabras.

.... *meta*	.... *mión*	*pa* .... *te*
.... *erda*	.... *niela*	.... *madura*

JUGAMOS CON LAS LETRAS

HACEMOS PAPEL RECICLADO

- Todos podemos hacer algo por cuidar nuestro planeta, ya sea reciclando objetos o, incluso, fabricando nuestro propio papel reciclado. Con la ayuda de un familiar, sigue los pasos y obtendrás tu papel reciclado.

MATERIAL QUE NECESITAS:

- Papel usado.
- Tijeras.
- Una rejilla o malla.
- Un recipiente grande de plástico o metal.
- Una batidora.
- Un escurridor.
- Una esponja.

PASOS QUE TIENES QUE SEGUIR:

1. Cortar el papel en trozos pequeños.
2. Verter los trozos de papel en un recipiente y añadir el doble de agua caliente que de papel. Dejar reposar un rato.
3. Mezclar y triturar hasta conseguir una pasta.
4. Verter la pasta en un escurridor y aclararla con agua fría.
5. Escurrir bien para que no quede un exceso de agua.
6. Extender la pasta encima de la malla y absorber con la esponja el exceso de agua.
7. Humedecer una tela y volcar encima la hoja de papel.
8. Retirar la malla y tapar con otra tela seca para que el papel reciclado se seque.
9. Colocar pesos encima de la hoja para que quede lisa y prensada.
10. Dejar reposar hasta el día siguiente.

- ¿Qué se hace con los objetos que reciclamos? Repasa las letras, sigue el camino y verás qué se puede obtener de cada elemento reciclado.

3 tetrabriks

8 cajas de cereales

80 latas de refresco

1 libro

1 llanta de bicicleta

1 caja de quesitos

ADIVINA ADIVINANZA

ZA, ZO, ZU, CE, CI

Ya sabes que a Lucía le gusta mucho resolver enigmas. Hoy me ha propuesto algunos y espera que los resuelva en el menor tiempo posible. ¿Te animas a encontrar la solución conmigo? Preparados, listos... ¡ya!

1) Resuelve las adivinanzas.

Vienen de dos en dos,
por el rabito están unidas
y el rojo es su color.

Las ....

¿Cuál es el animal que tarda más
tiempo en quitarse los calcetines
cuando se va a la cama?

El ....

2) Completa estas oraciones con la solución de las adivinanzas anteriores y rodea las palabras según el código.

Tiene **CE** Tiene **CI**

Celia lleva seis racimos de .... en la cesta de su bicicleta.

El .... César compra cincuenta pares de calcetines para sus cien pies.

3) Responde a los enigmas sobre las oraciones anteriores. Escribe las cifras con palabras.

¿Cuántas cerezas lleva Celia en su cesta? Celia lleva .... cerezas.

¿Cuántos calcetines compra César? César compra .... calcetines.

4) Resuelve esta adivinanza.

No me utilizan los patos
pero sí me llevan de apellido,
con «Z» empieza mi nombre,
¡y ya el resto es pan comido!

Los ....

5) ¿Qué parte de estas palabras es igual? Colorea las casillas correspondientes.

Z	A	P	A	T	O

Z	A	P	A	T	E	R	O

Z	A	P	A	T	Ó	N

Z	A	P	A	T	I	T	O

6) Completa las siguientes palabras con **ZA**, **ZO** o **ZU** y escribe el número que falta.

1 par de ta .... s = ... ta .... s

1 par de .... mos = ... mos

2 parejas de .... rros = ... rros

7) Fíjate en el modelo y completa.

 un lápiz  dos lápices

 una lombriz  dos ....

 un avestruz  dos ....

 un antifaz 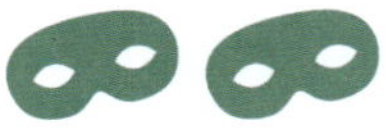 dos ....

 una nuez  dos ....

JUGAMOS CON LAS LETRAS

NOS COMUNICAMOS CON EL LENGUAJE DE SIGNOS

- Averigua qué le dice Lucía a Bruno con el lenguaje de signos.

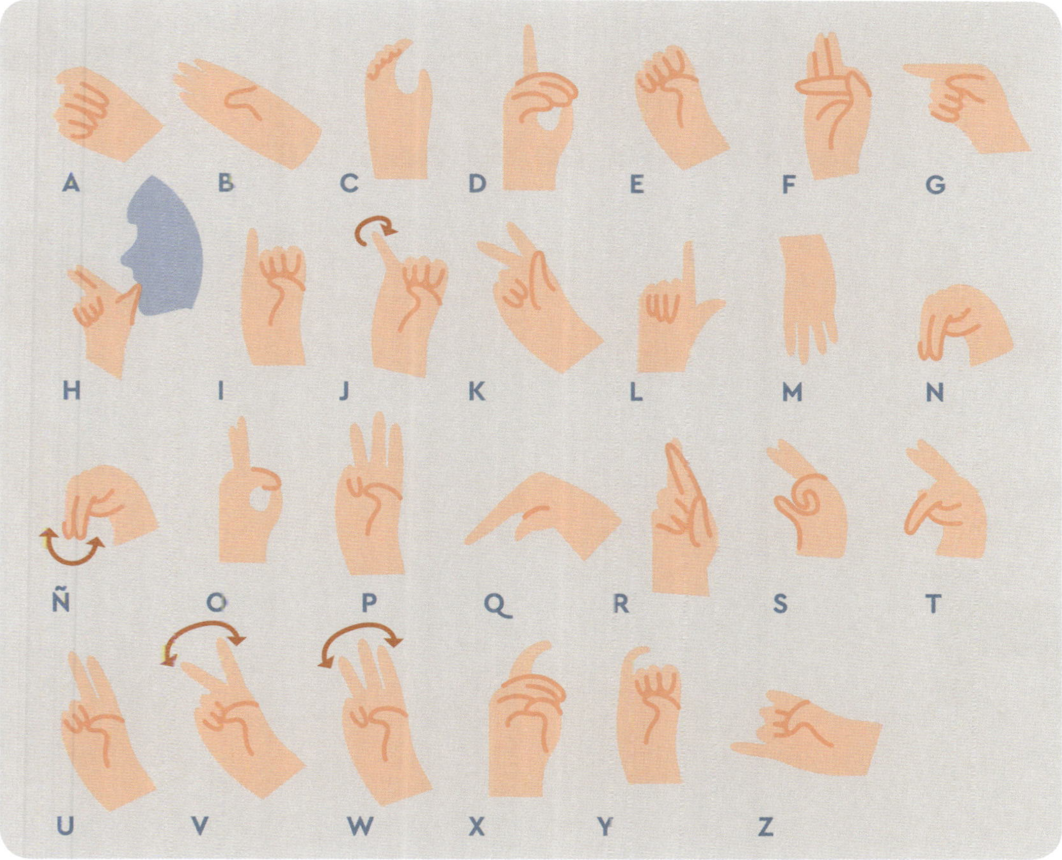

- Intenta reproducir estas palabras con el lenguaje de signos. Ensáyalo varias veces y procura ir cada vez más rápido. Puedes pedir a un familiar que te grabe para ver cómo lo haces y si debes mejorar.

- Busca los signos que se corresponden con las letras de tu nombre y reprodúcelo.

¿CÓMO SE MUEVEN LOS ANIMALES?

GA, GO, GU, GUE, GUI, GÜE, GÜI

Las personas podemos nadar y caminar, pero no podemos volar. En cambio, hay animales que nadan, otros que caminan y saltan, y otros que vuelan. Pero ¿sabes que hay un animal que, a pesar de tener alas, no sabe volar? ¡Adivina cuál es!

1) Completa el crucigrama con **GA, GO, GU, GUE** o **GUI**.

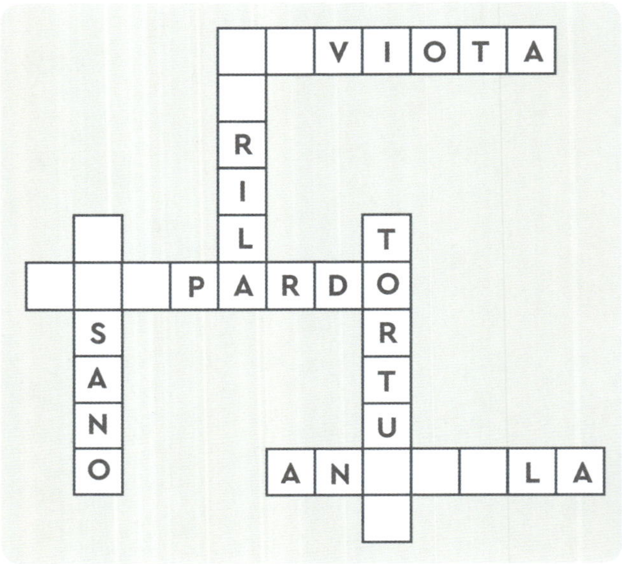

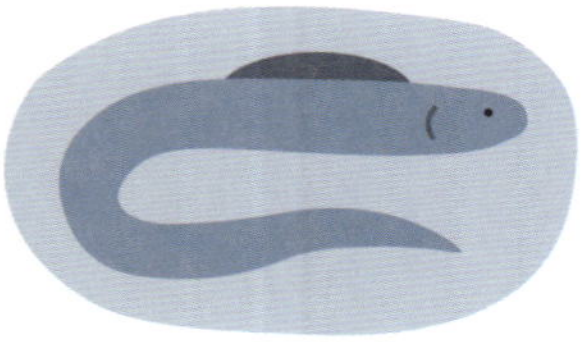

2) Escribe los nombres de los animales de la actividad anterior según caminen, vuelen o naden y clasifica estos otros.

murciélago / águila / jilguero
gamba / cigala / gacela

CAMINAN	VUELAN	NADAN

3) Rodea del mismo color las palabras que estén relacionadas y cópialas debajo de cada dibujo.

hormiga gallinero gatera gallina
gato hormiguero

4) Relaciona las adivinanzas con el animal correspondiente y pinta **GÜE** o **GÜI** en cada caso.

Visto de chaleco blanco
y también de negro frac.
Soy un ave que no vuela,
pero sí sé nadar. ¿Quién soy?

Con unas patas largas y un pico afilado, consigo hacer mi casa en el campanario.
¿Quién soy?

C	I	G	Ü	E	Ñ	A

P	I	N	G	Ü	I	N	O

5) Lee estas palabras y escribe el símbolo según pronuncies o no la **U** de **GUE** o **GUI**.

✓ Sí pronuncio la U. ✗ No pronuncio la U.

☐ vergüenza ☐ juguete ☐ paragüero

☐ guitarra ☐ guisante ☐ antigüedad

JUGAMOS CON LAS LETRAS

DOMINÓ DE ANIMALES

- ¿Sabes jugar al dominó? Aquí te proponemos uno muy especial. Observa las piezas que se ofrecen y completa el dominó con las fichas correctas. Escribe el nombre y haz el dibujo correspondiente en cada caso.

¡UN MAGO GENIAL!

JE, GE, JI, GI

1) Lee este texto sobre el mago Ángel y repasa las letras.

El mago Ángel ha viajado por todo el mundo exhibiendo sus geniales trucos de magia. Ángel mete perejil en su sombrero y saca girasoles. Ángel corta con afiladas tijeras un jersey, lo mete en su sombrero y saca un elegante traje sin un agujero. ¡Ángel es un genio!

2) Del sombrero mágico de Ángel salen muchas palabras. Léelas, observa cómo se escriben y cópialas donde corresponda.

JE: .... , ...

GE: .... , ...

JI: .... , ...

GI: .... , ...

JUGAMOS CON LAS LETRAS

A C **EL SOMBRERO MÁGICO DE ÁNGEL** B D

- Ángel mete en su sombrero una serie de letras desordenadas, ¿sabes qué palabras saldrán? Ordena las letras, forma una palabra y haz un dibujo del elemento que designa.

¡QUÉ ALEGRÍA!

Los signos de interrogación y de exclamación

Bruno y yo participamos hace unos días en la Jornada de limpieza de la playa de nuestro pueblo. Recogimos muchos plásticos y envases que la gente no deposita donde debería. ¿Sabes que los peces pueden tragar esta basura y morir? ¡El planeta es de todos y debemos cuidarlo!

1) Lee esta conversación y rodea **¿?** y **¡!** según el código.

signos de interrogación ¿? **signos de exclamación ¡!**

-Hola. ¿Eres Lucía?
-Sí, soy Lucía. ¿Te conozco?
-¿No te acuerdas de mí? Nos conocimos en la Jornada de limpieza de la playa del pueblo. Soy María, la ambientóloga marina que os ayudó a Bruno y a ti a liberar de los plásticos a la tortuga que estaba enredada.
-¡Es verdad! ¡Qué alegría volver a verte! ¿Qué tal está la tortuga? ¿Consiguió recuperarse?
-Sí. Estaba malherida, pero se recuperó y, al cabo de unos días, la retornamos al mar.
-¡Me alegro mucho!
-Hicisteis un gran trabajo. ¡Enhorabuena!

2) Lee las oraciones y escríbelas según la emoción que expresen.

¡Qué pena! / ¡Felicidades! / ¡No hay que tirar plásticos al mar!

 ....

 ....

 ....

3) Copia las oraciones.

¡Qué linda tortuga! ....

¡Qué horror! ....

¿Dónde hay que tirar los plásticos?

....

¿A qué hora iremos a la playa?

....

4) Relaciona las preguntas con las respuestas.

¿Cómo te llamas?	Me gusta aprender las letras de forma divertida.
¿Quién es tu mejor amigo?	De mayor me gustaría ser detective.
¿Qué te gusta hacer?	Mi mejor amigo es Bruno.
¿Qué te gustaría ser de mayor?	Me llamo Lucía.

5) Copia estas oraciones donde corresponda.

¡Adiós, tortuga, adiós! / ¡Lucía, qué alegría verte!

Y AHORA... SIN LÁPIZ NI PAPEL

UN MENSAJE PARA LUCÍA Y BRUNO

- En este cuaderno has conocido a Lucía y a Bruno y quizá tengas curiosidad por saber algunas cosas más sobre ellos. ¿Quieres enviarles un mensaje? Coge un ordenador o un dispositivo electrónico y pide a un familiar que te ayude. Abre tu programa de correo electrónico y escríbeles a la siguiente dirección: luciaybruno@rubio.net. Primero escribe el Asunto y luego, el cuerpo del correo electrónico. Cuando hayas terminado, repásalo y envíalo. Revisa de vez en cuando tu bandeja de entrada, ¡seguro que Lucía y Bruno te contestan!

CÓMO ME SIENTO

- Cuando enviamos mensajes electrónicos, podemos expresar cómo nos sentimos utilizando dibujos en lugar de palabras. Estos dibujos se llaman emoticonos. Coge un dispositivo electrónico y busca el emoticono que utilizarías para expresar estos sentimientos:

ALEGRÍA TRISTEZA

TIMIDEZ ABURRIMIENTO

ENFADO AMOR CARIÑO

SORPRESA

SOLUCIONARIO

(pág. 3-6) **¡SIGUE LAS HUELLAS DE LOS ANIMALES! LL, RR, CH: 1.**  - . caballo, gallina, ardilla, estrella.

2. PO LLI TO, CA ME LLO, BA LLE NA, ME JI LLÓN, LLA MA, GA LLO. / **3.** burro, perro, zorro. / **4.** Repasar las letras. Hierra una herradura de hierro. / **5.** La urraca está en lo alto de la torre. El zorro se esconde tras el matorral. El burro tira del carro por la carretera. / **6. 1.** Chimpancé; **2.** Lechuza; **3.** Chinchilla. / **7.** Repasar las palabras. La lechuza está encima de la chimenea. El mapache está detrás de la choza. / **8.** Copiar la oración. / **JUGAMOS CON LAS LETRAS.** Creamos letras con nuestro cuerpo. Actividad abierta.

(pág. 7-9) **¡NOS VAMOS DE EXCURSIÓN! PR, PL: 1.** El profesor Prudencio al prado nos llevó, un prado precioso que en primavera floreció. / **2.**

3. parque, peral, piruleta, portería, purpurina.

4. Repasar las palabras. / **5.** plaza, plantas, 7B; cumpleaños, 9C; plomo, 9A; plástico, 3E; pluma, 5C; apliques, 6E; palmera, 7E; peligro, 5D; policía, 8E. / **JUGAMOS CON LAS LETRAS.** Derecha, izquierda, arriba y abajo. 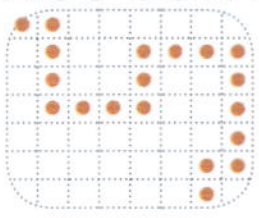 PL.

(pág. 10-12) **¡LEER ME HACE FELIZ! BR, BL: 1.** LIBRO. / **2.** La alfombra mágica; La liebre y la tortuga; Los 7 cabritillos; El libro de la selva; La bruja Brulanda; La cebra que perdió sus rayas; El monstruo Bernardo; Las burbujas mágicas; El pirata Barbarroja. / **3.** biblioteca, pueblo, Blas, bibliotecaria, Blanca, amable, blusa, blanco. Al dibujo le falta el collar blanco. / **4.** cable, blanco, niebla, hábil, balcón, diablura, cascabel, ombligo, bolso.

5.

JUGAMOS CON LAS LETRAS. Sudoku de letras e imágenes.

CABRA	PÚBLICO	MUEBLE	PALABRA
PALABRA	MUEBLE	PÚBLICO	CABRA
MUEBLE	PALABRA	CABRA	PÚBLICO
PÚBLICO	CABRA	PALABRA	MUEBLE

(pág. 13-15) **QUIÉN ES QUIÉN. CR, CL: 1.** Lucrecia, Crispín, Cristóbal. / **2.** Es acróbata. Es Crispín; Es capitana de un crucero. Es Lucrecia; Es secretario. Es Cristóbal. / **3.** Carlos vende carne – Es carnicero; Coral toca el acordeón – Es acordeonista; Cristina escribe novelas. Es escritora. / **4.** Copiar la oración. / **5.** motocicleta, bicicleta, triciclo. / **6.** Repasar las letras. Es Claudio. Es Celemente. Es Clotilde. / **JUGAMOS CON LAS LETRAS.** Adivina quién es quién en la clase. Bruno y Lucía se sientan detrás de Claudio y Cruz.

SOLUCIONARIO

(pág. 16-18) **¡TIERRA A LA VISTA! GR, GL: 1.** Para ser un buen grumete hay que aprender primero del capitán, despertarse por las mañanas alegre y salir en busca del gran sultán. / **2. GRA:** granate, negras; **GRE** ingrediente; **GRI:** gris; **GRO:** peligros; **GRU:** grumete. / **3.** Al grumete Guri-Guri le duele la garganta; por eso hace gorgoritos cuando canta por la mañana. /

4.

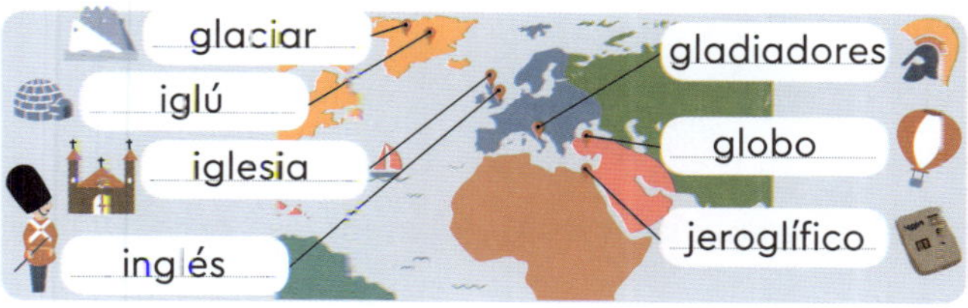

5. Glugluglu. / **6.** El grumete ha llegado a Portugal; El grumete come golosinas; La vela del barco del grumete tiene forma de triángulo.

JUGAMOS CON LAS LETRAS. Desciframos jeroglíficos. **1.** Bienvenido grumete Guri-Guri. Actividad abierta.

(pág. 19-21) **DEL CAMPO A CASA. FR, FL: 1.** Repasar las palabras. azafrán, fresa, frijol, frutero. / **2.** Unos frijoles refritos. Un refresco de fruta. Un frasco de mermelada de frambuesa.

/ **3.** frigorífico, fruta, frito, frío, escalofrío, frutero, sofrito, frutería. / **4.** Repasar las palabras. flan, flor, flecha, coliflor. / **5.** florero, florista, floristería. / **6.** flautista, flauta, flautín. /

7. **flo**tador, **fla**menco, **fel**pudo, **fle**quillo. /

JUGAMOS CON LAS LETRAS. Y ahora en inglés. **1.** fresa-rojo, frutas-amarillo, nevera-azul flojo, frío-azul fuerte, flamenco-rosa, flor-lila, flauta-marrón, flotador-verde. Fresa – strawberry; flotador – float; frío - cold; flauta – flute; fruta – fruit; flamenco – flamingo; flor – flower; frigorífico – fridge.

(pág. 22-24) **NÚMEROS Y FIGURAS EN CUALQUIER LUGAR. TR, DR: 1.** Son las tres. Son las cuatro. **2.** Repasar las palabras. / **3.** La trucha mide veintitrés centímetros. / **4.** tarta, termómetro, tirita, tortuga, turquesa. / **5.** ajedrez, ladrillo, cuadro, almendra. / **6.** La golondrina está sobre el almendro; La salamandra está debajo del almendro. / **7.** Copiar la oración. / **8.** dardo, derecha, dirección, dorado, duro.

JUGAMOS CON LAS LETRAS. Cuadrados y triángulos por todas partes. triángulo, triángulo, cuadrado, triángulo, triángulo, cuadrado, cuadrado, cuadrado, triángulo.

La tiene forma cuadrada y está formada por cuatro cuadrados. La letra A.

(pág. 25-27) **NOS DIVERTIMOS EN EL BUS. MP, MB: 1.** compra, compra, compra , rompe. /

2.

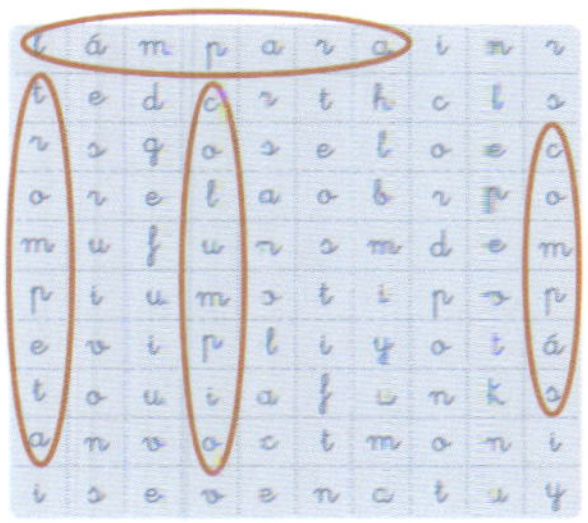

columpio, compás, lámpara, trompeta. /

3. Tumbado, tumbona, Humberto, hambre, sombra, sombrilla, mimbre, membrillos, bombones, Ámbar. / **4.** bo**mb**illa-so**mb**rilla, bo**mb**ero-ru**mb**ero, ga**mb**a-ba**mb**a, alfo**mb**ra-so**mb**ra, mi**mb**re-ti**mb**re. / **5.** bambú, bombón, pompa, trompa.

SOLUCIONARIO

JUGAMOS CON LAS LETRAS. Cada dibujo de un color. Pintar de naranja: tambor, timbre, alfombra, bombilla, rombo. Pintar de verde: campana, trompeta, columpio, lámpara. La trompeta y el tambor. La trompeta.

(pág. 28-30) **¡RECICLAMOS! CA, CO, CU, QUE, QUI: 1.** Contenedor azul: caja de cartón, saco de papel; Contenedor verde: botella de refresco, frasco de cristal; Contenedor amarillo: envase de cuajada, bandeja de corcho; Contenedor marrón: cáscara de coco, corteza de calabaza. / **2.** cacahuete, melocotón, castaña, albaricoques. Rodear contenedor color marrón. / **3.** esquí, máquina; raqueta, chaqueta; moqueta, quesera. / **4.** Repasar las letras. El disparate es: las foquitas zambulléndose en biquini. / **5.** cometa, camión, paquete, cuerda, quiniela, quemadura. **JUGAMOS CON LAS LETRAS.** Hacemos papel reciclado. Actividad abierta. ¿Qué se hace con los objetos que reciclamos? Repasar las letras. 3 tetrabriks – 1 caja de quesitos; 8 cajas de cereales – 1 libro; 80 latas de refresco – 1 llanta de bicicleta.

(pág. 31-33) **ADIVINA ADIVINANZA. ZA, ZO, ZU, CE, CI: 1.** Cerezas, ciempiés. / **2.** Celia lleva seis racimos de cerezas en la cesta de su bicicleta. El ciempiés César compra cincuenta pares de calcetines para sus cien pies. / **3.** Celia lleva doce cerezas. César compra cien calcetines. / **4.** Zapatos. / **5.** ZAPAT. / **6.** 1 par de tazas = 2 tazas; 1 par de zumos = 2 zumos; 2 parejas de zorros = 4 zorros. / **7.** dos lombrices, dos avestruces, dos antifaces, dos nueces. / **JUGAMOS CON LAS LETRAS.** Nos comunicamos con el lenguaje de signos. CEREZA, ZAPATO. Actividad abierta.

(pág. 34-36) **¿CÓMO SE MUEVEN LOS ANIMALES? GA, GO, GU, GUE, GUI, GÜE, GÜI: 1. GA**VIOTA, **GO**RILA, **GU**SANO, **GUE**PARDO, TORTU**GA**, AN**GUI**LA. / **2. Caminan:** gorila, guepardo, gusano, tortuga, gacela; **Vuelan:** gaviota, murciélago, águila, jilguero; **Nadan:** anguila, gamba, cigala. / **3.** hormiga-hormiguero; gato-gatera; gallina-gallinero. / **4.** Visto de chaleco blanco – pin**güi**no; Con unas patas largas – ci**güe**ña. / **5.** ✓ vergüenza, ✗ juguete, ✓ paragüero, ✗ guitarra, ✗ guisante, ✓ antigüedad. **JUGAMOS CON LAS LETRAS.** Dominó de animales.

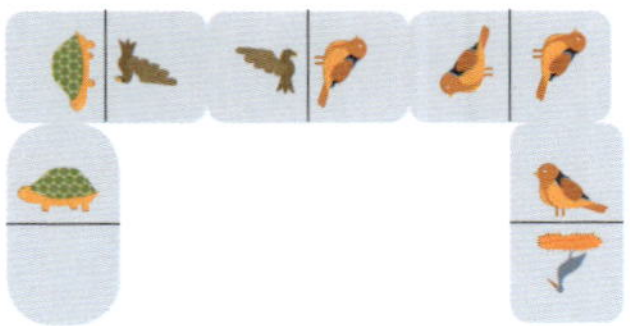

(pág. 37-38) **¡UN MAGO GENIAL! JE, GE, JI, GI: 1.** Repasar las letras. / **2. JE:** jersey, tijeras. **GE:** recogedor, agenda. **JI:** jilguero, mejilla. **GI:** gimnasia, mágico. **JUGAMOS CON LAS LETRAS.** El sobrero mágico de Ángel. GELATINA, GERANIO, BERENJENA, MEJILLÓN.

(pág. 39-41) **¡QUÉ ALEGRÍA! Los signos de interrogación y de exclamación: 1.** 1. -Hola. ¿Eres Lucía? -Sí, soy Lucía. ¿Te conozco? ¿No te acuerdas de mí? Nos conocimos en la Jornada de limpieza de la playa del pueblo. Soy María, la ambientóloga marina que os ayudó a Bruno y a ti a liberar de los plásticos a la tortuga que estaba enredada. -¡Es verdad! ¡Qué alegría volver a verte! ¿Qué tal está la tortuga? ¿Consiguió recuperarse? -Sí. Estaba malherida, pero se recuperó y, al cabo de unos días, la retornamos al mar. -¡Me alegro mucho! -Hicisteis un gran trabajo. ¡Enhorabuena! / **2.**  ¡No hay que tirar plásticos al mar!;  ¡Qué pena!;  ¡Felicidades! / **3.** Copiar las oraciones. / **4.** ¿Cómo te llamas? Me llamo Lucía; ¿Quién es tu mejor amigo? Mi mejor amigo es Bruno; ¿Qué te gusta hacer? Me gusta aprender las letras de forma divertida; ¿Qué te gustaría ser de mayor? De mayor me gustaría ser detective. / **5.** ¡Lucía, qué alegría verte!; ¡Adiós, tortuga, adiós! / Y ahora... sin lápiz ni papel. Actividad abierta.